Pour tous les enfants du monde entier, petits ou grands, prenons un moment ensemble pour découvrir que les petites choses de tous les jours peuvent nous rendre heureux.

For all the children in the whole world, small or tall, let's take a moment together to discover the little things of every day that makes us happy.

Para todos los niños del mundo entero, pequeños o grandes, tomemos un momento juntos para descubrir que las cosas pequeñas de todos los días nos pueden hacer felices.

Droits d'auteur © 2015 Linda Babineau
Tous les droits réservés. Ce livre tout ou en partie ne peut pas être reproduit ou utilisé de quelque manière que ce soit sans l'autorisation écrite expresse de l'auteure, sauf pour l'utilisation de courtes citations dans une critique de livre.

Copyright © 2015 by Linda Babineau
All rights reserved. This book or any portion thereof may not be reproduced or used in any manner whatsoever without the express written permission of the author except for the use of brief quotations in a book review.

Copyright © 2015 por Linda Babineau
Reservados todos los derechos. Queda prohibida la reproducción total o parcial de este libro por cualquier medio o procedimiento, o sin la autorización escrita de la autora, excepto para el uso de citas breves en una reseña del libro.

Imprimé au Canada / Printed in Canada / Impreso en Canadá
Première impression, 2015 / First Printing, 2015 / Primera impresión, 2015

ISBN-13 978-0-9949917-0-6
ISBN-10 0994991703

Auteure / Author / Autora: Linda Babineau
Illustratrice / Illustrator / Ilustración: Michelle Connors
Formatage / Formatting / Formateo: Angella Cormier

Nouveau Brunswick, Canada
New Brunswick, Canada
Nuevo Brunswick, Canadá

Linda est contente (No 1)
Linda is happy (No 1)
Linda está contenta (No 1)

Écrit Par / Written By / Escrito por:
Linda Y Babineau

Illustrations par / Illustrated By / Ilustraciones por:
Michelle Connors

Être heureux ou heureuse c'est bon pour la santé.

To be happy is good for our health.

Ser feliz o felices es bueno para la salud.

Linda est contente quand elle fait quelque chose pour elle-même comme danser.

Linda is happy when she does something for herself like dancing.

Linda está contenta cuando hace algo para ella misma como bailar.

Linda est contente quand elle joue.

Linda is happy when she is playing.

Linda está contenta cuando juega.

Linda est contente quand elle marche dehors, écoute la nature et voit le beau soleil.

Linda is happy when she walks outside, listens to nature and sees the beautiful sun.

Linda está contenta cuando camina afuera, escucha la naturaleza y ve el bello sol.

Linda est contente quand elle a la chance de lire et d'écrire.

Linda is happy when she has the chance to read and write.

Linda está contenta cuando tiene la posibilidad de leer y de escribir.

Linda est contente quand elle peut surveiller un beau film à la télévision.

Linda is happy when she can watch a beautiful movie on television.

Linda está contenta cuando puede mirar una bella película en la televisión.

Linda est contente quand elle est avec sa famille.

Linda is happy when she is with her family.

Linda está contenta cuando está con su familia.

Linda est contente quand elle est avec ses ami(e)s.

Linda is happy when she is with her friends.

Linda está contenta cuando está con sus amigos y amigas.

Linda est contente quand elle mange.

Linda is happy when she eats.

Linda está contenta cuando come.

Linda est contente quand elle va à la plage.

Linda is happy when she goes to the beach.

Linda está contenta cuando va a la playa.

Et toi, qu'est-ce qui te rend content ou contente?

And you, what makes you happy?

¿Y tú, qué es lo que te hace contento o contenta?

Je vous aime tous et toutes.

I love you all.

Les amo a todos y a todas.

Linda

Et toi, qu'est-ce qui te rend content ou contente? Écrit ou dessine :

And you, what makes you happy? Write or draw:

¿Qué te hace contento o contenta? Escribe o dibuja:

www.ingramcontent.com/pod-product-compliance
Lightning Source LLC
Chambersburg PA
CBHW060801090426
42736CB00002B/108